U0147560

政府工作报告

（2021）

视频图文版

人民出版社

　　2021 年 3 月 5 日，第十三届全国人民代表大会第四次会议在北京人民大会堂开幕。国务院总理李克强作政府工作报告。

目　录
CONTENTS

政府工作报告 ·····························李克强

一、2020 年工作回顾　/1

二、"十三五"时期发展成就和"十四五"
　　时期主要目标任务　/13

三、2021 年重点工作　/25

视频索引　/62

后　记　/64

1

政 府 工 作 报 告

——2021 年 3 月 5 日在第十三届全国人民
代表大会第四次会议上

国务院总理 李 克 强

各位代表：

现在，我代表国务院，向大会报告政府工作，请予审议，并请全国政协委员提出意见。

一、2020 年工作回顾

过去一年，在新中国历史上极不平凡。面对突如其来的新冠肺炎疫情、世界经济深度衰退等多重严重冲击，在以习近平同志为核心的党中央坚强领导下，全国各族人民顽强拼搏，疫情防控

习近平等党和
国家领导人出
席开幕式

李克强离席
作政府工作
报告

2020年，习近平这样引领中国

全国抗击新冠肺炎疫情表彰大会在京隆重举行

取得重大战略成果，在全球主要经济体中唯一实现经济正增长，脱贫攻坚战取得全面胜利，决胜全面建成小康社会取得决定性成就，交出一份人民满意、世界瞩目、可以载入史册的答卷。全年发展主要目标任务较好完成，我国改革开放和社会主义现代化建设又取得新的重大进展。

在艰辛的抗疫历程中，党中央始终坚持人民至上、生命至上，习近平总书记亲自指挥、亲自部署，各方面持续努力，不断巩固防控成果。我们针对疫情形势变化，及时调整防控策略，健全常态化防控机制，有效处置局部地区聚集性疫情，最大限度保护了人民生命安全和身体健康，为恢复生产生活秩序创造必要条件。

一年来，我们贯彻党中央决策部署，统筹推进疫情防控和经济社会发展，主要做了以下工作。

一是围绕市场主体的急需制定和实施宏观政策，稳住了经济基本盘。面对历史罕见的冲击，我们在"六稳"工作基础上，明确提出"六保"任务，特别是保就业保民生保市场主体，以保促稳、稳中求进。立足国情实际，既及时果断又保持定力，坚持不搞"大水漫灌"，科学把握规模性政策的平衡点。注重用改革和创新办法，助企纾困和

[名词解释]

"六稳""六保"

"六稳",即稳就业、稳金融、稳外贸、稳外资、稳投资、稳预期。"六保",即保居民就业、保基本民生、保市场主体、保粮食能源安全、保产业链供应链稳定、保基层运转。"六稳"和"六保"彼此联系,只有全面落实好"六保",才能实现"六稳",也才能稳住中国经济这个大局,实现稳中求进。

激发活力并举,帮助受冲击最直接且量大面广的中小微企业和个体工商户渡难关。实施阶段性大规模减税降费,与制度性安排相结合,全年为市场主体减负超过 2.6 万亿元,其中减免社保费 1.7 万亿元。创新宏观政策实施方式,对新增 2 万亿元中央财政资金建立直达机制,省级财政加大资金下沉力度,共同为市县基层落实惠企利民政策及时补充财力。支持银行定向增加贷款并降低利率水平,对中小微企业贷款延期还本付息,大型商业银行普惠小微企业贷款增长 50% 以上,金融系统向实体经济让利 1.5 万亿元。对大企业复工复产加强"点对点"服务。经过艰苦努力,我们率先实现复工复产,经济恢复好于预期,全年国内生产总值增长 2.3%,宏观调控积累了新的经验,以合理代价取得较大成效。

二是优先稳就业保民生,人民生活得到切实保障。就业是最大的民生,保市场主体也是为稳就业保民生。各地

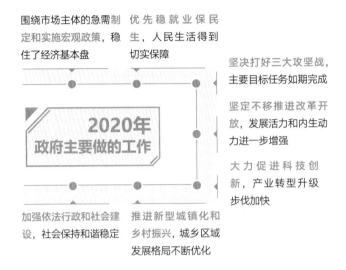

围绕市场主体的急需制定和实施宏观政策，稳住了经济基本盘

优先稳就业保民生，人民生活得到切实保障

坚决打好三大攻坚战，主要目标任务如期完成

坚定不移推进改革开放，发展活力和内生动力进一步增强

大力促进科技创新，产业转型升级步伐加快

2020年政府主要做的工作

加强依法行政和社会建设，社会保持和谐稳定

推进新型城镇化和乡村振兴，城乡区域发展格局不断优化

加大稳岗扩岗激励力度，企业和员工共同克服困难。多渠道做好重点群体就业工作，支持大众创业万众创新带动就业。新增市场主体恢复快速增长，创造了大量就业岗位。城镇新增就业1186万人，年末全国城镇调查失业率降到5.2%。作为最大发展中国家，在巨大冲击下能够保持就业大局稳定，尤为难能可贵。加强生活必需品保供稳价，居民消费价格上涨2.5%。线上办公、网络购物、无接触配送等广泛开展。大幅度扩大失业保险保障范围。对因疫情遇困群众及时给予救助，新纳入低保、特困供养近600万人，实施临时救助超过800万人次。抵御严重洪涝、台风等自然灾害，全力应急抢险救援，妥善安置受灾群众，

保障了人民群众生命财产安全和基本生活。

三是坚决打好三大攻坚战，主要目标任务如期完成。较大幅度增加财政扶贫资金投入。对工作难度大的贫困县和贫困村挂牌督战，精准落实各项帮扶措施。优先支持贫困劳动力稳岗就业，帮助返乡贫困劳动力再就业，努力稳住务工收入。加大产业扶贫力度，深入开展消费扶贫。加强易返贫致贫人口监测和帮扶。年初剩余的 551 万农村贫困人口全部脱贫、52 个贫困县全部摘帽。继续打好蓝天、碧水、净土保卫战，完成污染防治攻坚战阶段性目标任务。长江、黄河、海岸带等重要生态系统保护和修复重大工程深入实施，生态建设得到加强。稳妥化解地方政府债务风险，及时处置一批重大金融风险隐患。

四是坚定不移推进改革开放，发展活力和内生动力进一步增强。完善要素市场化配置体制机制。加强产权保护。深入推进"放管服"改革，实施优化营商环境条例。出台国企改革三年行动方案。支持民营企业发展。完善资本市场基础制度。扎实推进农业农村、社会事业等领域改革。共建"一带一路"稳步推进。海南自由贸易港建设等重大举措陆续推出。成功举办第三届中国国际进口博览会、中国国际服务贸易交易会。推动区域全面经济伙伴关

全国脱贫攻坚总结表彰大会在京隆重举行

系协定签署。完成中欧投资协定谈判。维护产业链供应链稳定，对外贸易和利用外资保持增长。

[延伸阅读]

国企改革三年行动

国企改革三年行动聚焦八个方面的重点任务：一是要完善中国特色现代企业制度，坚持"两个一以贯之"，形成科学有效的公司治理机制；二是推进国有资本布局优化和结构调整，聚焦主责主业，发展实体经济，推动高质量发展，提升国有资本配置效率；三是积极稳妥推进混合所有制改革，促进各类所有制企业取长补短、共同发展；四是激发国有企业的活力，健全市场化经营机制，加大正向激励力度，也由此提高效率；五是形成以管资本为主的国有资产监管体制，着力从监管理念、监管重点、监管方式、监管导向等多方位实现转变，进一步提高国资监管的系统性、针对性、有效性；六是推动国有企业公平参与市场竞争，强化国有企业的市场主体地位，营造公开、公平、公正的市场环境；七是推动一系列国企改革专项行动落实落地；八是加强国有企业党的领导党的建设，推动党建工作与企业的生产经营深度融合。

[名词解释]

海南自由贸易港

海南是我国最大的经济特区，具有实施全面深化改革和试验最高水平开放政策的独特优势。海南自由贸易港是按照中央部署，在海南全岛建设自由贸易试验区和中国特色自由贸易港，是党中央着眼于国际国内发展大局，深入研究、统筹考虑、科学谋划作出的重大决策。海南自由贸易港的实施范围为海南岛全岛，其发展目标为，到 2025 年将初步建立以贸易自由便利和投资自由便利为重点的自由贸易港政策制度体系，到 2035 年成为我国开放型经济新高地，到本世纪中叶全面建成具有较强国际影响力的高水平自由贸易港。

[名词解释]

区域全面经济伙伴关系协定

2020 年 11 月 15 日，区域全面经济伙伴关系协定（Regional Comprehensive Economic Partnership，简称"RCEP"）在 2020 年东盟轮值主席国越南的组织下正式签署，标志着当前世界上人口最多、经贸规模最大、最具发展潜力的自由贸易区正式启航。RCEP 由东盟 10 国（印度尼西亚、马来西亚、菲律宾、泰国、新加坡、文莱、柬埔寨、老挝、缅甸、越南）发起，邀请中国、日本、韩国、澳大利亚、新西兰、印度 6 个对话伙伴国参加，旨在通过削减关税及非关税壁垒，建立一个 16 国统一市场的自由贸易协定。协定涵盖 20 个章节，既包括货物贸易、服务贸易、投资等市场准入，也包括贸易便利化、知识产权、电子商务、竞争政策、政府采购等大量规则内容。在现代化上，RCEP 采用区域原产地累积规则，支持区域产业链供应链发展；采用新技术推动海关便利化，促进新型跨境物流发展；采用负面清单作出投资准入承诺，大大提升投资政策的透明度；适应数字经济时代的需要。RCEP 现有 15 个成员国（印度因"有重要问题尚未得到解决"而未能加入该协定），总人口、经济体量、贸易总额均占全球总量约 30%，意味着全球约三分之一的经济体量形成一体化大市场。

中欧投资协定

中欧投资协定旨在为中欧投资关系建立一个统一的法律框架，取代中国和欧盟 26 个成员国之间的现有双边投资条约。中国和欧盟在 2014 年就该协定启动第一轮谈判。2020 年，中欧举行 10 轮正式谈判（第 26 轮至第 35 轮），国家领导人和有关部门多次强调"实现年内完成谈判目标"。2020 年 12 月 30 日，习近平主席在北京同德国总理默克尔、法国总统马克龙、欧洲理事会主席米歇尔、欧盟委员会主席冯德莱恩举行视频会晤。中欧领导人共同宣布如期完成中欧投资协定谈判。中欧投资协定的达成有利于稳定中国和欧盟的关系，并将会提振市场信心，利好相关投资领域。

五是大力促进科技创新，产业转型升级步伐加快。建设国际科技创新中心和综合性国家科学中心，成功组建首批国家实验室。"天问一号"、"嫦娥五号"、"奋斗者"号等突破性成果不断涌现。加强关键核心技术攻关。加大知识产权保护力度。支持科技成果转化应用，促进大中小企业融通创新，推广全面创新改革试验相关举措。推动产业数字化智能化改造，战略性新兴产业保持快速发展势头。

嫦娥五号实现我国首次地外天体采样返回

六是推进新型城镇化和乡村振兴，城乡区域发展格局不断优化。加大城镇老旧小区改造力度，因城施策促进房地产市场平稳健康发展。粮食实现增产，生猪产能加快恢复，乡村建设稳步展开，农村人居环境整治成效明显。推进煤电油气产供储销体系建设，提升能源安全保障能力。健全区域协调发展体制机制，在实施重大区域发展战略方面出台一批新举措。

七是加强依法行政和社会建设，社会保持和谐稳定。提请全国人大常委会审议法律议案 9 件，制定修订行政法规 37 部。认真办理人大代表建议和政协委员提案。广泛开展线上教学，秋季学期实现全面复学，1000 多万高中毕业生顺利完成高考。全面深化教育领域综合改革。实现高职院校扩招 100 万人目标。加大公共卫生体系建设力度。提升大规模核酸检测能力，新冠肺炎患者治疗费用全部由国家承担。提高退休人员基本养老金，上调城乡居民基础养老金最低标准，保障养老金按时足额发放，实现企业养老保险基金省级统收统支。加强公共文化服务。完善城乡基层治理。扎实做好信访工作。发挥审计监督作用。开展国务院大督查。做好第七次全国人口普查、国家脱贫攻坚普查。加强生产安全事故防范和处置。严格食品药品疫苗监管。强化社会治安综合治理，持续推进扫黑除恶专项斗争，平安中国建设取得新成效。

栗战书出席第二十六次全国地方立法工作座谈会

贯彻落实党中央全面从严治党战略部署，加强党风廉政建设和反腐败斗争。巩固深化"不忘初心、牢记使命"主题教育成果。严格落实中央八项规定精神，持续为基层减负。

中国特色大国外交卓有成效。习近平主席等党和国家领导人通过视频方式主持中非团结抗疫特别峰会，出席联合国成立 75 周年系列高级别会议、世界卫生大会、二十国集团领导人峰会、亚太经合组织领导人非正式会议、中国—欧盟领导人会晤、东亚合作领导人系列会议等重大活动。坚持多边主义，推动构建人类命运共同体。支持国际

2020 年中国外交：为国家担当，为人民负重，对世界尽责

数读2020年《政府工作报告》
量化指标任务落实情况

工作任务	年度完成情况

城镇新增就业

900万人以上

1186万人

城镇调查失业率

6%左右

全国城镇调查失业率平均为

5.6%

城镇登记失业率

5.5%左右

四季度末

4.24%

居民消费价格

涨幅**3.5%**左右

涨幅**2.5%**

财政赤字率、抗疫特别国债

拟按3.6%以上安排，财政赤字规模比去年增加1万亿元，同时发行1万亿元抗疫特别国债，上述2万亿元全部转给地方

安排财政赤字3.76万亿元，比上年增加1万亿元，赤字率从2.8%提高至3.6%以上。同时发行抗疫特别国债1万亿元。上述2万亿元资金已全部转给地方

中央本级支出

安排负增长，其中非急需非刚性支出压减50%以上

下降0.1%，其中非急需非刚性支出压减50%以上

增值税税率和社会保险费率政策

继续执行去年出台的下调增值税税率和企业养老保险费率政策，新增减税降费约5000亿元。全年为企业新增减负超过2.5万亿元

继续执行2019年出台的下调增值税税率和社会保险费率政策，新增减税降费累计超过5000亿元。全年为市场主体减负超过2.6万亿元

工作任务	年度完成情况
企业宽带和专线平均资费 **降低15%**	截至2020年12月底，企业宽带和专线平均资费较2019年底分别下降31.7%和18.6%
大型商业银行普惠型小微企业贷款 **增速要高于40%**	截至2020年12月底，5家大型商业银行普惠型小微企业贷款余额4.03万亿元，同比增长54.8%，各自增速均超过40%
职业技能培训 今明两年培训 **3500万人次以上**	全国开展补贴性职业技能培训2700.5万人次、以工代训2209.6万人
高职院校扩招 今明两年扩招 **200万人**	**157.44万人**
地方政府专项债券 拟安排**3.75万亿元** 比2019年增加1.6万亿元	**3.75万亿元** 比2019年增加1.6万亿元
中央预算内投资 安排**6000亿元**	**6000亿元**
新开工改造城镇老旧小区 **3.9万个**	**4.03万个**
增加国家铁路建设资本金 **1000亿元**	**1000亿元**
新建高标准农田 **8000万亩**	**8391万亩**
居民医保人均财政补助标准 增加**30元**	新增**30元** 实现每人每年不低于550元

资料来源：新华社。

抗疫合作，倡导建设人类卫生健康共同体。中国为促进世界和平与发展作出了重要贡献。

一年来的工作殊为不易。各地区各部门顾全大局、尽责担当，上亿市场主体在应对冲击中展现出坚强韧性，广大人民群众勤劳付出、共克时艰，诠释了百折不挠的民族精神，彰显了人民是真正的英雄，这是我们战胜一切困难挑战的力量源泉。

各位代表！

过去一年取得的成绩，是以习近平同志为核心的党中央坚强领导的结果，是习近平新时代中国特色社会主义思想科学指引的结果，是全党全军全国各族人民团结奋斗的结果。我代表国务院，向全国各族人民，向各民主党派、各人民团体和各界人士，表示诚挚感谢！向香港特别行政区同胞、澳门特别行政区同胞、台湾同胞和海外侨胞，表示诚挚感谢！向关心和支持中国现代化建设的各国政府、国际组织和各国朋友，表示诚挚感谢！

在肯定成绩的同时，我们也清醒看到面临的困难和挑战。新冠肺炎疫情仍在全球蔓延，国际形势中不稳定不确定因素增多，世界经济形势复杂严峻。国内疫情防控仍有薄弱环节，经济恢复基础尚不牢固，居民消费仍受制约，投资增长后劲不足，中小微企业和个体工商户困难较多，稳就业压力较大。关键领域创新能力不强。一些地方财政收支矛盾突出，防范化解金融等领域风险任务依然艰巨。生态环保任重道远。民生领域还有不少短板。政府工作存在不足，形式主义、官僚主义不同程度存在，少数干部不担当不作为不善为。一些领域腐败问题仍有发生。我们一定要直面问题和挑战，尽心竭力改进工作，决不辜负人民期待！

二、"十三五"时期发展成就和"十四五"时期主要目标任务

过去五年，我国经济社会发展取得新的历史性成就。经济运行总体平稳，经济结构持续优化，国内生产总值从不到 70 万亿元增加到超过 100 万亿元。创新型国家建设成果丰硕，在载人航天、探月工程、深海工程、超级计算、量子信息等领域取得一批重大科技成果。脱贫攻坚成果举世瞩目，5575 万农村贫困人口实现脱贫，960 多万建档立卡贫困人口通过易地扶贫搬迁摆脱了"一方水土难养一方人"的困境，区域性整体贫困得到解决，完成了消除绝对贫困的艰巨任务。农业现代化稳步推进，粮食生产连年丰

『十三五』时期我国发展成就

创新型国家建设成果丰硕，在载人航天、探月工程、深海工程、超级计算、量子信息等领域取得一批重大科技成果

农业现代化稳步推进，粮食生产连年丰收

区域重大战略扎实推进

金融风险处置取得重要阶段性成果

全面建立实施困难残疾人生活补贴和重度残疾人护理补贴制度

对外开放持续扩大，共建"一带一路"成果丰硕

教育、卫生、文化等领域发展取得新成就，教育公平和质量较大提升，医疗卫生事业加快发展，文化事业和文化产业繁荣发展

国家安全全面加强，社会保持和谐稳定

经济运行总体平稳，经济结构持续优化，国内生产总值从不到70万亿元增加到超过100万亿元

脱贫攻坚成果举世瞩目，5575万农村贫困人口实现脱贫，960多万建档立卡贫困人口通过易地扶贫搬迁摆脱了"一方水土难养一方人"的困境，区域性整体贫困得到解决，完成了消除绝对贫困的艰巨任务

1亿农业转移人口和其他常住人口在城镇落户目标顺利实现，城镇棚户区住房改造超过2100万套

污染防治力度加大，资源能源利用效率显著增加，生态环境明显改善

全面深化改革取得重大突破，供给侧结构性改革持续推进，"放管服"改革不断深入，营商环境持续改善

人民生活水平显著提高，城镇新增就业超过6000万人，建成世界上规模最大的社会保障体系

国防和军队建设水平大幅提升

收。1亿农业转移人口和其他常住人口在城镇落户目标顺利实现，城镇棚户区住房改造超过2100万套。区域重大战略扎实推进。污染防治力度加大，资源能源利用效率显著提升，生态环境明显改善。金融风险处置取得重要阶段性成果。全面深化改革取得重大突破，供给侧结构性改革持续推进，"放管服"改革不断深入，营商环境持续改善。对外开放持续扩大，共建"一带一路"成果丰硕。人民生活水平显著提高，城镇新增就业超过6000万人，建成世界上规模最大的社会保障体系。全面建立实施困难残疾人生活补贴和重度残疾人护理补贴制度。教育、卫生、文化等领域发展取得新成就，教育公平和质量较大提升，医疗卫生事业加快发展，文化事业和文化产业繁荣发展。国防和军队建设水平大幅提升。国家安全全面加强，社会保持和谐稳定。经过五年持续奋斗，"十三五"规划主要目标任务胜利完成，中华民族伟大复兴向前迈出了新的一大步。

"十四五"时期是开启全面建设社会主义现代化国家新征程的第一个五年。我国发展仍然处于重要战略机遇期，但机遇和挑战都有新的发展变化。要准确把握新发展阶段，深入贯彻新发展理念，加快构建新发展格局，推动高质量发展，为全面建设社会主义现代化国家开好局起好步。

根据《中共中央关于制定国民经济和社会发展第十四

中共中央举行首场新闻发布会，介绍党的十九届五中全会精神

个五年规划和二〇三五年远景目标的建议》，国务院编制了《国民经济和社会发展第十四个五年规划和2035年远景目标纲要（草案）》。《纲要草案》坚持以习近平新时代中国特色社会主义思想为指导，实化量化"十四五"时期经济社会发展主要目标和重大任务，全文提交大会审查，这里概述几个方面。

——着力提升发展质量效益，保持经济持续健康发展。发展是解决我国一切问题的基础和关键。必须坚持新发展理念，把新发展理念完整、准确、全面贯穿发展全过程和各领域，引导各方面把工作重点放在提高发展

[名词解释]

新发展阶段

新发展阶段是社会主义初级阶段中的一个阶段，同时也是经过几十年积累、站到了新的起点上的一个阶段；是我们党带领人民迎来从站起来、富起来到强起来历史性跨越的新阶段。2021年1月11日，习近平总书记在省部级主要领导干部学习贯彻党的十九届五中全会精神专题研讨班上指出，全面建成小康社会、实现第一个百年奋斗目标之后，我们要乘势而上开启全面建设社会主义现代化国家新征程、向第二个百年奋斗目标进军，这标志着我国进入了一个新发展阶段。在这个新发展阶段，我们将全面建设社会主义现代化国家、基本实现社会主义现代化。这既是社会主义初级阶段我国发展的要求，也是我国社会主义从初级阶段向更高阶段迈进的要求。

新发展理念

实现什么样的发展、怎样实现发展，是党领导人民治国理政必须回答好的重大问题。以习近平同志为核心的党中央提出的创新、协调、绿色、开放、共享的新发展理念，系统回答了关于发展的目的、动力、方式、路径等一系列理论和实践问题，阐明了党关于发展的政治立场、价值导向、发展模式、发展道路等重大政治问题。新发展理念是一个系统的理论体系，唯有完整把握、准确理解、全面落实，才能形成合力，产生最佳效果。唯有全党全国统一思想、协调行动、开拓前进，才能真正体现完整、准确、全面之意。

新发展格局

新发展格局是指加快构建以国内大循环为主体、国内国际双循环相互促进的经济发展格局，是党的十九届五中全会作出的重大部署，是重塑我国国际合作和竞争新优势的战略抉择，是习近平新时代中国特色社会主义经济思想的丰富和发展。构建新发展格局的基本路径是，在生产环节加强关键核心技术攻关，维护产业链供应链的安全稳定。在分配环节优化收入分配结构，优化生产要素配置。在流通环节提高流通效率，降低流通成本，实现货畅其流。在消费环节优化消费环境，充分发挥我国超大规模市场优势。

质量和效益上，促进增长潜力充分发挥。经济运行保持在合理区间，各年度视情提出经济增长预期目标，全员劳动生产率增长高于国内生产总值增长，城镇调查失业率控制在 5.5% 以内，物价水平保持总体平稳，实现更高质量、更有效率、更加公平、更可持续、更为安全的发展。

——坚持创新驱动发展，加快发展现代产业体系。坚持创新在我国现代化建设全局中的核心地位，把科技自立自强作为国家发展的战略支撑。完善国家创新体系，加快构建以国家实验室为引领的战略科技力量，打好关键核心技术攻坚战，制定实施基础研究十年行动方案，提升企业技术创新能力，激发人才创新活力，完善科技创新体制机制，全社会研发经费投入年均增长 7% 以上、力争投入强度高于"十三五"时期实际。广泛开展科学普及活动。坚持把发展经济着力点放在实体经济上，推进产业基础

[延伸阅读]

基础研究十年行动方案

基础研究是整个科学技术的源头，是所有技术问题的总机关，基础研究的水平决定了一个国家科技创新的底蕴和后劲，强大的基础研究是中国实现科技自立自强的前提和根基。2020 年 12 月 16 日至 18 日召开的中央经济工作会议指出，要抓紧制订实施基础研究十年行动方案，重点布局一批基础学科研究中心，支持有条件的地方建设国际和区域科技创新中心。2021 年 2 月，科技部表示将根据中央要求制订《基础研究十年行动方案（2021—2030）》，对未来十年我国基础研究的发展作出系统部署和安排。一是进一步优化学科布局和研发布局，支持新兴学科、冷门学科和薄弱学科的发展，特别是要推动学科交叉融合和跨学科研究。二是在前沿领域，布局建设一批基础学科研究中心。三是制定实施战略性科学计划和科学工程，强化应用导向的基础研究，完善共性基础技术供给体系。四是加快组建国家实验室，重组国家重点实验室体系，打造体系化的战略科技力量。五是改革完善基础研究的体制机制，进一步加大基础研究投入，特别是要建立以学术贡献和创新价值为核心的评价导向，支持广大科研人员勇闯创新"无人区"。

高级化、产业链现代化，保持制造业比重基本稳定，改造提升传统产业，发展壮大战略性新兴产业，促进服务业繁荣发展。统筹推进传统基础设施和新型基础设施建设。加快数字化发展，打造数字经济新优势，协同推进数字产业化和产业数字化转型，加快数字社会建设步伐，提高数字政府建设水平，营造良好数字生态，建设数字中国。

——形成强大国内市场，构建新发展格局。把实施扩大内需战略同深化供给侧结构性改革有机结合起来，以创新驱动、高质量供给引领和创造新需求。破除制约要素合理流动的堵点，贯通生产、分配、流通、消费各环节，形成国民经济良性循环。立足国内大循环，协同推进强大国内市场和贸易强国建设，依托国内经济循环体系形成对全球要素资源的强大引力场，促进国内国际双循环。建立扩大内需的有效制度，全面促进消费，拓展投资空间，加快培育完整内需体系。

——全面推进乡村振兴，完善新型城镇化战略。坚持农业农村优先发展，严守18亿亩耕地红线，实施高标准农田建设工程、黑土地保护工程，确保种源安全，实施乡村建设行动，健全城乡融合发展体制机制。建立健全巩固拓展脱贫攻坚成果长效机制，提升脱贫地区整体发展水平。深入推进以人为核心的新型城镇化战略，加快农业转移人口市民化，常住人口城镇化率提高到65%，发展壮大城市群和都市圈，推进以县城为重要载体的城镇化建设，实施城市更新行动，完善住房市场体系和住房保障体系，提升城镇化发展质量。

——优化区域经济布局，促进区域协调发展。深入实施区域重大战略、区域协调发展战略、主体功能区战略，

[名词解释]

城市更新行动

实施城市更新行动是在新发展阶段，坚持以人民为中心的发展思想的重大举措。推进城市更新，就是践行"人民城市人民建，人民城市为人民"重要理念，回应群众期盼，补齐城市基础设施和公共服务等突出问题和短板，让改革发展成果更多更公平地惠及全体人民。其总体目标是建设宜居城市、绿色城市、韧性城市、智慧城市、人文城市，不断提升城市人居环境质量、人民生活质量、城市竞争力，走出一条中国特色城市发展道路。实施城市更新行动是贯彻新发展理念，转变城市开发建设方式的必然要求。使城市由大规模增量建设转为更加注重存量提质改造，在存量中得增量，多措并举破解城市住房问题，走内涵式、集约型、绿色化高质量发展之路。实施城市更新行动是提升城市功能、构建新发展格局的重要路径。

构建高质量发展的区域经济布局和国土空间支撑体系。扎实推动京津冀协同发展、长江经济带发展、粤港澳大湾区建设、长三角一体化发展、黄河流域生态保护和高质量发展，高标准、高质量建设雄安新区。推动西部大开发形成新格局，推动东北振兴取得新突破，促进中部地区加快崛起，鼓励东部地区加快推进现代化。推进成渝地区双城经济圈建设。支持革命老区、民族地区加快发展，加强边疆地区建设。积极拓展海洋经济发展空间。

韩正主持召开推动长江经济带发展领导小组会议

[名词解释]

海洋经济

海洋经济是指开发海洋资源和依赖海洋空间而进行的生产活动，以及直接或间接为开发海洋资源及空间而进行的相关服务性产业活动。主要包括海洋渔业、海洋交通运输业、海洋船舶工业、海盐业、海洋油气业、滨海旅游业等。目前，世界范围内已发展成熟的海洋产业有：海洋渔业、海水养殖业、海水制盐及盐化工业、海洋石油工业、海洋娱乐和旅游业、海洋交通运输业和滨海砂矿开采业等。壮大海洋经济、拓展蓝色发展空间，对于加快建设社会主义现代化国家、实现第二个百年奋斗目标、实现中华民族伟大复兴的中国梦具有重大意义。

——全面深化改革开放，持续增强发展动力和活力。构建高水平社会主义市场经济体制，激发各类市场主体活力，加快国有经济布局优化和结构调整，优化民营经济发展环境。建设高标准市场体系，全面完善产权制度，推进要素市场化配置改革，强化竞争政策基础地位，完善竞争政策框架。建立现代财税金融体制，提升政府经济治理能力。深化"放管服"改革，构建一流营商环境。建设更高水平开放型经济新体制，推动共建"一带一路"高质量发展，构建面向全球的高标准自由贸易区网络。

——推动绿色发展，促进人与自然和谐共生。坚持绿水青山就是金山银山理念，加强山水林田湖草系统治理，加快推进重要生态屏障建设，构建以国家公园为主体的自然保护地体系，森林覆盖率达到24.1%。持续改善环境质量，基本消除重污染天气和城市黑臭水体。落实2030年应对气候变化国家自主贡献目标。加快发展方式绿色转型，协同推进经济高质量发展和生态环境高水平保护，单位国内生产总值能耗和二氧化碳排放分别降低 13.5%、18%。

——持续增进民生福祉，扎实推动共同富裕。坚持尽力而为、量力而行，加强普惠性、基础性、兜底性民生建设，制定促进共同富裕行动纲要，让发展成果更多更公平惠及全体人民。实施就业优先战略，扩大就业容量。着力提高低收入群体收入，扩大中等收入群体，居民人均可支配收入增长与国内生产总值增长基本同步。建设高质量教育体系，建设高素质专业化教师队伍，深化教育改革，实施教育提质扩容工程，劳动年龄人口平均受教育年限提高到 11.3 年。全面推进健康中国建设，构建强大公共卫生体系，完善城乡医疗服务网络，广泛开展全民健身运动，人均预期寿命再提高 1 岁。实施积极应对人口老龄化国家战略，以"一老一小"为重点完善人口服务体系，优化生育政策，推动实现适度生育水平，发展普惠托育和基本养老服务体系，逐步延迟法定退休年龄。健全多层次社会保障体系，基本养老保险参保率提高到 95%，优化社会救助和慈善制度。发展社会主义先进文化，提高社会文明程度，弘扬诚信文化，建设诚信社会，提升公共文化服务水平，健全现代文化产业体系。

[延伸阅读]

应对人口老龄化国家战略

我国是当今世界老年人数最多的国家，2019年底，已有60岁及以上老年人口2.54亿，预计2025年将突破3亿，2033年将突破4亿，2053年将达到4.87亿的峰值。实施积极应对人口老龄化国家战略，事关国家发展全局，事关百姓福祉，对"十四五"和更长时期我国经济社会持续健康发展具有重大和深远的意义。

党的十八大以来，党中央作出了一系列部署安排，制定了国家积极应对人口老龄化中长期规划，为实施积极应对人口老龄化国家战略提供了根本遵循。坚持党总揽全局，为积极应对人口老龄化提供坚强保证。党中央坚持系统观念，从我国实现人口均衡发展最需要关注的"少子老龄化"等问题入手，提出了"十四五"时期实施积极应对人口老龄化国家战略的思路和任务。一是优化生育政策，促进人口长期均衡发展，提高人口素质。二是积极开发老龄人力资源，发展"银发经济"，推动养老事业和养老产业协同发展。三是推进基本养老服务，构建居家社区机构相协调、医养康养相结合的养老服务体系，健全养老服务综合监管制度。四是弘扬优秀传统文化，支持家庭承担养老功能，发挥家庭养老基础作用。

——统筹发展和安全，建设更高水平的平安中国。坚持总体国家安全观，加强国家安全体系和能力建设。强化国家经济安全保障，实施粮食、能源资源、金融安全战略，粮食综合生产能力保持在1.3万亿斤以上，提高能源综合生产能力。全面提高公共安全保障能力，维护社会稳定和安全。

展望未来，我们有信心有能力战胜前进道路上的艰难险阻，完成"十四五"规划目标任务，奋力谱写中国特色社会主义事业新篇章！

三、2021 年重点工作

今年是我国现代化建设进程中具有特殊重要性的一年。做好政府工作，要在以习近平同志为核心的党中央坚强领导下，以习近平新时代中国特色社会主义思想为指导，全面贯彻党的十九大和十九届二中、三中、四中、五中全会精神，坚持稳中求进工作总基调，立足新发展阶段，贯彻新发展理念，构建新发展格局，以推动高质量发展为主题，以深化供给侧结构性改革为主线，以改革创新为根本动力，以满足人民日益增长的美好生活需要为根本目的，坚持系统观念，巩固拓展疫情防控和经济社会发展成果，更好统筹发展和安全，扎实做好"六稳"工作、全

[延伸阅读]

统筹发展和安全

安全是发展的前提，发展是安全的保障。统筹发展和安全，增强忧患意识，做到居安思危，是我们党治国理政的一个重大原则。党的十九届五中全会审议通过的《中共中央关于制定国民经济和社会发展第十四个五年规划和二〇三五年远景目标的建议》指出，坚持总体国家安全观，实施国家安全战略，维护和塑造国家安全，统筹传统安全和非传统安全，把安全发展贯穿国家发展各领域和全过程，防范和化解影响我国现代化进程的各种风险，筑牢国家安全屏障。前进道路上，我们既要善于运用发展成果夯实国家安全的实力基础，又要善于塑造有利于经济社会发展的安全环境，实现发展和安全互为条件、彼此支撑。

面落实"六保"任务，科学精准实施宏观政策，努力保持经济运行在合理区间，坚持扩大内需战略，强化科技战略支撑，扩大高水平对外开放，保持社会和谐稳定，确保"十四五"开好局起好步，以优异成绩庆祝中国共产党成立100周年。

今年我国发展仍面临不少风险挑战，但经济长期向好的基本面没有改变。我们要坚定信心，攻坚克难，巩固恢复性增长基础，努力保持经济社会持续健康发展。

今年发展主要预期目标是：国内生产总值增长6%以上；城镇新增就业1100万人以上，城镇调查失业率5.5%左右；居民消费价格涨幅3%左右；进出口量稳质升，国际收支基本平衡；居民收入稳步增长；生态环境质量进一步改善，单位国内生产总值能耗降低3%左右，主要污染物排放量继续下降；粮食产量保持在1.3万亿斤以上。

经济增速是综合性指标，今年预期目标设定为6%以上，考虑了经济运行恢复情况，有利于引导各方面集中精力推进改革创新、推动高质量发展。经济增速、就业、物价等预期目标，体现了保持经济运行在合理区间的要求，与今后目标平稳衔接，有利于实现可持续健康发展。

做好今年工作，要更好统筹疫情防控和经济社会发展。坚持常态化防控和局部应急处置有机结合，继续毫不

○ 国内生产总值增长6% 以上

○ 坚持常态化防控和局部应急处置有机结合，严防出现聚集性疫情和散发病例传播扩散，有序推进疫苗研制和加快免费接种

○ 城镇新增就业1100万人以上

○ 推动放开在就业地参加社会保险的户籍限制

○ 将行政许可事项全部纳入清单管理

○ 企业和群众经常办理的事项，今年要基本实现"跨省通办"

○ 中小企业宽带和专线平均资费再降10%

○ 取消港口建设费，将民航发展基金航空公司征收标准降低20%

○ 中央本级基础研究支出增长10.6%

○ 今年赤字率拟按3.2%左右安排，不再发行抗疫特别国债

○ 将小规模纳税人增值税起征点从月销售额10万元提高到15万元

2021年 发展目标和 重点工作

○ 加大5G网络和千兆光网建设力度

○ 稳定增加汽车、家电等大宗消费，取消对二手车交易不合理限制

○ 增加停车场、充电桩、换电站等设施，加快建设动力电池回收利用体系

○ 新开工改造城镇老旧小区5.3万个

○ 对小微企业和个体工商户年应纳税所得额不到100万元的部分，在现行优惠政策基础上，再减半征收所得税

○ 引导银行扩大信用贷款、持续增加首贷户，推广随借随还贷款

○ 降低或取消部分准入类职业资格考试工作年限要求

○ 居民医保和基本公共卫生服务经费人均财政补助标准分别再增加30元和5元

○ 把更多慢性病、常见病药品和高值医用耗材纳入集中带量采购

○ 降低租赁住房税费负担，尽最大努力帮助新市民、青年人等缓解住房困难

○ 提高退休人员基本养老金、优抚对象抚恤和生活补助标准

资料来源："央视新闻"微信公众号。

放松做好外防输入、内防反弹工作，抓好重点区域和关键环节防控，补上短板漏洞，严防出现聚集性疫情和散发病例传播扩散，有序推进疫苗研制和加快免费接种，提高科学精准防控能力和水平。

今年要重点做好以下几方面工作。

（一）保持宏观政策连续性稳定性可持续性，促进经济运行在合理区间。在区间调控基础上加强定向调控、相机调控、精准调控。宏观政策要继续为市场主体纾困，保持必要支持力度，不急转弯，根据形势变化适时调整完善，进一步巩固经济基本盘。

积极的财政政策要提质增效、更可持续。考虑到疫情得到有效控制和经济逐步恢复，今年赤字率拟按 3.2% 左右安排、比去年有所下调，不再发行抗疫特别国债。因财政收入恢复性增长，财政支出总规模比去年增加，重点仍是加大对保就业保民生保市场主体的支持力度。中央本级支出继续安排负增长，进一步大幅压减非急需非刚性支出，对地方一般性转移支付增长 7.8%、增幅明显高于去年，其中均衡性转移支付、县级基本财力保障机制奖补资金等增幅均超过 10%。建立常态化财政资金直达机制并扩大范围，将 2.8 万亿元中央财政资金纳入直达机制、规模

李克强：中国统筹推进疫情防控和经济社会发展，经济实现企稳回升

2021年要重点做好八个方面主要工作

保持宏观政策连续性稳定性可持续性，促进经济运行在合理区间 1.

积极的财政政策要提质增效、更可持续

优化和落实减税政策

稳健的货币政策要灵活精准、合理适度

就业优先政策要继续强化、聚力增效

深入推进重点领域改革，更大激发市场主体活力 2.

进一步转变政府职能

用改革办法推动降低企业生产经营成本

促进多种所有制经济共同发展

深化财税金融体制改革

依靠创新推动实体经济高质量发展，培育壮大新动能 3.

提升科技创新能力

运用市场化机制激励企业创新

优化和稳定产业链供应链

坚持扩大内需这个战略基点，充分挖掘国内市场潜力 4.

稳定和扩大消费

扩大有效投资

全面实施乡村振兴战略，促进农业稳定发展和农民增收 5.	做好巩固拓展脱贫攻坚成果同乡村振兴有效衔接 提高粮食和重要农产品供给保障能力 扎实推进农村改革和乡村建设
实行高水平对外开放，促进外贸外资稳中提质 6.	推动进出口稳定发展 积极有效利用外资 高质量共建"一带一路" 深化多双边和区域经济合作
加强污染防治和生态建设，持续改善环境质量 7.	继续加大生态环境治理力度 扎实做好碳达峰、碳中和各项工作
切实增进民生福祉，不断提高社会建设水平 8.	发展更加公平更高质量的教育 推进卫生健康体系建设 保障好群众住房需求 加强基本民生保障 更好满足人民群众精神文化需求 加强和创新社会治理

明显大于去年，为市县基层惠企利民提供更加及时有力的财力支持。各级政府都要节用为民、坚持过紧日子，确保基本民生支出只增不减，助力市场主体青山常在、生机盎然。

3D 大片看总理报告：今年生活这样改变！

优化和落实减税政策。市场主体恢复元气、增强活力，需要再帮一把。继续执行制度性减税政策，延长小规模纳税人增值税优惠等部分阶段性政策执行期限，实施新的结构性减税举措，对冲部分政策调整带来的影响。将小规模纳税人增值税起征点从月销售额 10 万元提高到 15 万元。对小微企业和个体工商户年应纳税所得额不到 100 万元的部分，在现行优惠政策基础上，再减半征收所得税。各地要

2021年优化和落实减税政策

继续**执行制度性减税政策**

延长**小规模纳税人增值税优惠等部分阶段性政策执行期限**

实施**新的结构性减税举措**

对冲**部分政策调整带来的影响**

将**小规模纳税人增值税起征点**
从月销售额10万元提高到15万元

对**小微企业和个体工商户年应纳税所得额**不到100万元的部分，**在现行优惠政策基础上**，再减半征收所得税

把减税政策及时落实到位，确保市场主体应享尽享。

稳健的货币政策要灵活精准、合理适度。把服务实体经济放到更加突出的位置，处理好恢复经济与防范风险的关系。货币供应量和社会融资规模增速与名义经济增速基本匹配，保持流动性合理充裕，保持宏观杠杆率基本稳定。保持人民币汇率在合理均衡水平上的基本稳定。进一步解决中小微企业融资难题。延续普惠小微企业贷款延期还本付息政策，加大再贷款再贴现支持普惠金融力度。延长小微企业融资担保降费奖补政策，完善贷款风险分担补偿机制。加快信用信息共享步伐。完善金融机构考核、评价和尽职免责制度。引导银行扩大信用贷款、持续增加首贷户，推广随借随还贷款，使资金更多流向科技创新、绿色发展，更多流向小微企业、个体工商户、新型农业经营主体，对受疫情持续影响行业企业给予定向支持。大型商业银行普惠小微企业贷款增长 30% 以上。创新供应链金融服务模式。适当降低小微企业支付手续费。优化存款利率监管，推动实际贷款利率进一步降低，继续引导金融系统向实体经济让利。今年务必做到小微企业融资更便利、综合融资成本稳中有降。

就业优先政策要继续强化、聚力增效。着力稳定现有岗位，对不裁员少裁员的企业，继续给予必要的财税、金融等政策支持。继续降低失业和工伤保险费率，扩大失业保险返还等阶段性稳岗政策惠及范围，延长以工代训政策实施期限。拓宽市场化就业渠道，促进创业带动就业。推动降低就业门槛，动态优化国家职业资格目录，降低或取消部分准入类职业资格考试工作年限要求。支持和规范发展新就业形态，加快推进职业伤害保障试点。继续对灵活就业人员给予社保补贴，推动放开在就业地参加社会保险的户籍限制。做好高校毕业生、退役军人、农民工等重点群体就业工作，完善残疾人、零就业家庭成员等困难人员就业帮扶政策，促进失业人员再就业。拓宽职业技能培训资金使用范围，开展大规模、多层次职业技能培训，完成职业技能提升和高职扩招三年行动目标，建设一批高技能

[延伸阅读]

职业技能提升行动方案（2019—2021年）

为服务经济社会发展，适应人民群众就业创业需要，国家大力推行终身职业技能培训制度，面向职工、就业重点群体、建档立卡贫困劳动力等城乡各类劳动者，大规模开展职业技能培训，加快建设知识型、技能型、创新型劳动者大军。2019 年 5 月，国务院办公厅印发《职业技能提升行动方案（2019—2021 年）》，明确目标任务，即 2019 年至 2021 年，持续开展职业技能提升行动，提高培训针对性实效性，全面提升劳动者职业技能水平和就业创业能力。三年共开展各类补贴性职业技能培训 5000 万人次以上，其中 2019 年培训 1500 万人次以上；经过努力，到 2021 年底，技能劳动者占就业人员总量的比例达到 25% 以上，高技能人才占技能劳动者的比例达到 30% 以上。

人才培训基地。健全就业公共服务体系，实施提升就业服务质量工程。运用就业专项补助等资金，支持各类劳动力市场、人才市场、零工市场建设，广开就业门路，为有意愿有能力的人创造更多公平就业机会。

（二）深入推进重点领域改革，更大激发市场主体活力。在落实助企纾困政策的同时，加大力度推动相关改革，培育更加活跃更有创造力的市场主体。

进一步转变政府职能。充分发挥市场在资源配置中的决定性作用，更好发挥政府作用，推动有效市场和有为政府更好结合。继续放宽市场准入，开展要素市场化配置综合改革试点，依法平等保护各类市场主体产权。纵深推进"放管服"改革，加快营造市场化、法治化、国际化营商环境。将行政许可事项全部纳入清单管理。深化"证照分离"改革，大力推进涉企审批减环节、减材料、减时限、减费用。完善市场主体退出机制，实行中小微企业简易注销制度。实施工业产品准入制度改革，推进汽车、电子电器等行业生产准入和流通管理全流程改革。把有效监管作为简政放权的必要保障，全面落实监管责任，加强对取消或下放审批事项的事中事后监管，完善分级分类监管政策，健全跨部门综合监管制度，大力推行"互联网＋监管"，提升监管能力，加大失信惩处力度，以公正监管促

来源：中国政府网

进优胜劣汰。加强数字政府建设，建立健全政务数据共享协调机制，推动电子证照扩大应用领域和全国互通互认，实现更多政务服务事项网上办、掌上办、一次办。企业和群众经常办理的事项，今年要基本实现"跨省通办"。

[延伸阅读]

"跨省通办"

推进政务服务"跨省通办"，是转变政府职能、提升政务服务能力的重要途径，是畅通国民经济循环、促进要素自由流动的重要支撑，对于提升国家治理体系和治理能力现代化水平具有重要作用。近年来，党中央、国务院陆续出台审批服务便民化、"互联网 + 政务服务"、优化营商环境等一系列政策文件，全国一体化政务服务平台初步建成并发挥作用，政务服务"一网通办"深入推进，各地区各部门积极开展政务服务改革探索和创新实践，政务服务便捷度和群众获得感显著提升。2020 年 9 月，国务院办公厅印发《关于加快推进政务服务"跨省通办"的指导意见》，提出 140 项全国高频政务服务"跨省通办"事项清单。

用改革办法推动降低企业生产经营成本。推进能源、交通、电信等基础性行业改革，提高服务效率，降低收费水平。允许所有制造业企业参与电力市场化交易，进一步清理用电不合理加价，继续推动降低一般工商业电价。中小企业宽带和专线平均资费再降10%。全面推广高速公路差异化收费，坚决整治违规设置妨碍货车通行的道路限高限宽设施和检查卡点。取消港口建设费，将民航发展基金航空公司征收标准降低20%。鼓励受疫情影响较大的地方对承租国有房屋的服务业小微企业和个体工商户减免租金。推动各类中介机构公开服务条件、流程、时限和收费标准。要严控非税收入不合理增长，严厉整治乱收费、乱罚款、乱摊派，不得扰民渔利，让市场主体安心经营、轻装前行。

促进多种所有制经济共同发展。坚持和完善社会主义基本经济制度。毫不动摇巩固和发展公有制经济，毫不动摇鼓励、支持、引导非公有制经济发展。各类市场主体都是国家现代化的建设者，要一视同仁、平等对待。深入实施国企改革三年行动，做强做优做大国有资本和国有企业。深化国有企业混合所有制改革。构建亲清政商关系，破除制约民营企业发展的各种壁垒。健全防范和化解拖欠中小企业账款长效机制。弘扬企业家精神。国家支持平台

[延伸阅读]

企业家精神

促进经济社会发展的一个重要动力就是企业家精神，市场主体要想高质量地发展必须具备企业家精神。2020 年 7 月 21 日，习近平总书记在企业家座谈会上指出，企业家要带领企业战胜当前的困难，走向更辉煌的未来，就要在爱国、创新、诚信、社会责任和国际视野等方面不断提升自己，努力成为新时代构建新发展格局、建设现代化经济体系、推动高质量发展的生力军。并对企业家提出了五点希望：一是增强爱国情怀，二是勇于创新，三是诚信守法，四是承担社会责任，五是拓展国际视野。

企业创新发展、增强国际竞争力，同时要依法规范发展，健全数字规则。强化反垄断和防止资本无序扩张，坚决维护公平竞争市场环境。

深化财税金融体制改革。强化预算约束和绩效管理，加大预算公开力度，精简享受税费优惠政策的办理流程和手续。落实中央与地方财政事权和支出责任划分改革方案。健全地方税体系。继续多渠道补充中小银行资本、强化公司治理，深化农村信用社改革，推进政策性银行分类分账改革，提升保险保障和服务功能。稳步推进注册制改革，完善常态化退市机制，加强债券市场建设，更好发挥多层次资本市场作用，拓展市场主体融资渠道。强化金融控股公司和金融科技监管，确保金融创新在审慎监管的前提下进行。完善金融风险处置工作机制，压实各方责任，坚决守住不发生系统性风险的底线。金融机构要坚守服务实体经济的本分。

（三）依靠创新推动实体经济高质量发展，培育壮大新动能。 促进科技创新与实体经济深度融合，更好发挥创新驱动发展作用。

提升科技创新能力。强化国家战略科技力量，推进国家实验室建设，完善科技项目和创新基地布局。实施好关键核心技术攻关工程，深入谋划推进"科技创新2030—重大项目"，

[名词解释]

"科技创新2030—重大项目"

我国面向 2030 年部署了一批与国家战略长远发展和人民生活紧密相关的科技创新重大项目，统称为"科技创新 2030—重大项目"。2016 年 8 月，国务院印发《"十三五"国家科技创新规划》，提出要在实施好"核高基"（核心电子器件、高端通用芯片、基础软件）、集成电路装备、宽带移动通信、数控机床、油气开发、核电、水污染治理、转基因、新药创制、传染病防治等已有国家科技重大专项基础上，面向 2030 年，再选择一批体现国家战略意图的重大科技项目和工程，力争有所突破。其中，重大科技项目包括航空发动机及燃气轮机、深海空间站、量子通信与量子计算机、脑科学与类脑研究、国家网络空间安全、深空探测及空间飞行器在轨服务与维护系统 6 类，重大工程包括种业自主创新、煤炭清洁高效利用、智能电网、天地一体化信息网络、大数据、智能制造和机器人、重点新材料研发及应用、京津冀环境综合治理、健康保障 9 类。

改革科技重大专项实施方式，推广"揭榜挂帅"等机制。支持有条件的地方建设国际和区域科技创新中心，增强国家自主创新示范区等带动作用。发展疾病防治攻关等民生科技。促进科技开放合作。加强知识产权保护。加强科研诚信建设，弘扬科学精神，营造良好创新生态。基础研究是科技创新的源头，要健全稳定支持机制，大幅增加投入，中央本级基础研究支出增长 10.6%，落实扩大经费使用自主权政策，优化项目申报、评审、经费管理、人才评价和激励机制，努力消除科研人员不合理负担，使他们能够沉下心来致力科学探索，以"十年磨一剑"精神在关键核心领域实现重大突破。

运用市场化机制激励企业创新。强化企业创新主体地位，鼓励领军企业组建创新联合体，拓展产学研用融合通道，健全科技成果产权激励机制，完善创业投资监管体制和发展政策，纵深推进大众创业万众创新。延续执行企业研发费用加计扣除 75% 政策，将制造业企业加计扣除比例提高到 100%，用税收优惠机制激励企业加大研发投入，着力推动企业以创新引领发展。

优化和稳定产业链供应链。继续完成"三去一降一补"重要任务。对先进制造业企业按月全额退还增值税增量留抵税额，提高制造业贷款比重，扩大制造业设备更新

[名词解释]

质量基础设施建设

国家质量基础设施（National Quality Infrastructure）是指一个国家建立和执行标准、计量、认证认可、检验检测等所需的质量体制框架的统称。2006 年，国际标准化组织认为，计量、标准化、合格评定已经成为未来世界经济可持续发展的三大支柱。目前，我国已经初步形成包括法规体系、管理体系和技术体系在内的国家质量基础设施体系。当下，国家质量基础设施建设主要围绕两个目标进行规划布局：一是为贸易发展与国家治理提供制度支撑；二是为科技创新和质量强国建设提供技术支撑。

和技术改造投资。增强产业链供应链自主可控能力，实施好产业基础再造工程，发挥大企业引领支撑和中小微企业协作配套作用。发展工业互联网，促进产业链和创新链融合，搭建更多共性技术研发平台，提升中小微企业创新能力和专业化水平。加大 5G 网络和千兆光网建设力度，丰富应用场景。加强网络安全、数据安全和个人信息保护。统筹新兴产业布局。加强质量基础设施建设，深入实施质量提升行动，完善标准体系，促进产业链上下游标准有效衔接，弘扬工匠精神，以精工细作提升中国制造品质。

手绘政府工作报告暖心政策

（四）坚持扩大内需这个战略基点，充分挖掘国内市场潜力。紧紧围绕改善民生拓展需求，促进消费与投资有效结合，实现供需更高水平动态平衡。

多渠道增加居民收入

鼓励企业创新产品和服务，便利新产品市场准入，推进内外贸产品同线同标同质

运用好"互联网+"，推进线上线下更广更深融合，发展新业态新模式，为消费者提供更多便捷舒心的服务和产品

稳定增加汽车、家电等大宗消费，取消对二手车交易不合理限制，增加停车场、充电桩、换电站等设施，加快建设动力电池回收利用体系

健全城乡流通体系，加快电商、快递进农村，扩大县乡消费

发展健康、文化、旅游、体育等服务消费

保障小店商铺等便民服务业有序运营

引导平台企业合理降低商户服务费

稳步提高消费能力，改善消费环境，让居民能消费、愿消费，以促进民生改善和经济发展

稳定和扩大消费

2021年坚持扩大内需充分挖掘国内市场潜力

扩大有效投资

2021年拟安排地方政府专项债券3.65万亿元，优化债券资金使用，优先支持在建工程，合理扩大使用范围

继续支持促进区域协调发展的重大工程，推进"两新一重"建设，实施一批交通、能源、水利等重大工程项目，建设信息网络等新型基础设施，发展现代物流体系

简化投资审批程序，推进实施企业投资项目承诺制

中央预算内投资安排6100亿元

深化工程建设项目审批制度改革

政府投资更多向惠及面广的民生项目倾斜，新开工改造城镇老旧小区5.3万个，提升县城公共服务水平

完善支持社会资本参与政策，进一步拆除妨碍民间投资的各种藩篱，在更多领域让社会资本进得来、能发展、有作为

　　稳定和扩大消费。多渠道增加居民收入。健全城乡流通体系，加快电商、快递进农村，扩大县乡消费。稳定增加汽车、家电等大宗消费，取消对二手车交易不合理限制，增加停车场、充电桩、换电站等设施，加快建设动力电池回收利用体系。发展健康、文化、旅游、体育等服务消费。鼓励企业创新产品和服务，便利新产品市场准入，推进内外贸产品同线同标同质。保障小店商铺等便民服务业有序运营。运用好"互联网＋"，推进线上线下更广更深融合，发展新业态新模式，为消费者提供更多便捷舒心的服务和产品。引导平台企业合理降低商户服务费。稳步提高消费能力，改善消费环境，让居民能消费、愿消费，以促进民生改善和经济发展。

　　扩大有效投资。今年拟安排地方政府专项债券3.65万亿元，优化债券资金使用，优先支持在建工程，合理扩大使用范围。中央预算内投资安排6100亿元。继续支持促进区域协调发展的重大工程，推进"两新一重"建设，实施一批交通、能源、水利等重大工程项目，建设信息网络等新型基础设施，发展现代物流体系。政府投资更多向惠及面广的民生项目倾斜，新开工改造城镇老旧小区5.3万个，提升县城公共服务水平。简化投资审批程序，推进实施企业投资项目承诺制。深化工程建设项目审批制度改革。完善支持

[名词解释]

企业投资项目承诺制

主要是指改善企业投资管理，注重事前政策引导、事后监管约束和过程服务，创新服务方式，简化服务流程，提高综合服务能力。旨在推动政府职能向减审批、强监管、优服务转变，进一步激发企业投资活力和动力。

社会资本参与政策，进一步拆除妨碍民间投资的各种藩篱，在更多领域让社会资本进得来、能发展、有作为。

（五）全面实施乡村振兴战略，促进农业稳定发展和农民增收。接续推进脱贫地区发展，抓好农业生产，改善农村生产生活条件。

做好巩固拓展脱贫攻坚成果同乡村振兴有效衔接。对脱贫县从脱贫之日起设立 5 年过渡期，保持主要帮扶政策总体稳定。健全防止返贫动态监测和帮扶机制，促进脱贫人口稳定就业，加大技能培训力度，发展壮大脱贫地区产业，做好易地搬迁后续扶持，分层分类加强对农村低收入人口常态化帮扶，确保不发生规模性返贫。在西部地区脱贫县中集中支持一批乡村振兴重点帮扶县。坚持和完善东西部协作和对口支援机制，发挥中央单位和社会力量帮扶作用，继续支持脱贫地区增强内生发展能力。

摆脱贫困，中国这样走过

做好巩固拓展脱贫攻坚成果同乡村振兴有效衔接

○ 对脱贫县从脱贫之日起设立5年过渡期，保持主要帮扶政策总体稳定

○ 健全防止返贫动态监测和帮扶机制
  促进脱贫人口稳定就业
  加大技能培训力度
  发展壮大脱贫地区产业
  做好易地搬迁后续扶持
  分层分类加强对农村低收入人口常态化帮扶
  确保不发生规模性返贫

○ 在西部地区脱贫县中集中支持
  一批乡村振兴重点帮扶县

○ 坚持和完善东西部协作和对口支援机制
  发挥中央单位和社会力量帮扶作用
  继续支持脱贫地区增强内生发展能力

提高粮食和重要农产品供给保障能力。保障粮食安全的要害是种子和耕地。要加强种质资源保护利用和优良品种选育推广，开展农业关键核心技术攻关。提高高标准农田建设标准和质量，完善灌溉设施，强化耕地保护，坚决遏制耕地"非农化"、防止"非粮化"。推进农

业机械化、智能化。建设国家粮食安全产业带和农业现代化示范区。稳定种粮农民补贴，适度提高稻谷、小麦最低收购价，扩大完全成本和收入保险试点范围。稳定粮食播种面积，提高单产和品质。多措并举扩大油料生产。发展畜禽水产养殖，稳定和发展生猪生产。加强动植物疫病防控。保障农产品市场供应和价格基本稳定。开展粮食节约行动。解决好吃饭问题始终是头等大事，我们一定要下力气也完全有能力保障好 14 亿人的粮食安全。

扎实推进农村改革和乡村建设。巩固和完善农村基本经营制度，保持土地承包关系稳定并长久不变，稳步推进多种形式适度规模经营，加快发展专业化社会化服务。稳慎推进农村宅基地制度改革试点。发展新型农村集体经济。深化供销社、集体林权、国有林区林场、农垦等改革。提高土地出让收入用于农业农村比例。强化农村基本公共服务和公共基础设施建设，促进县域内城乡融合发展。启动农村人居环境整治提升五年行动。加强农村精神文明建设。保障农民工工资及时足额支付。加快发展乡村产业，壮大县域经济，加强对返乡创业的支持，拓宽农民就业渠道。千方百计使亿万农民多增收、有奔头。

[名词解释]

农村人居环境整治提升五年行动

2021 年 1 月 4 日，中共中央、国务院印发《关于全面推进乡村振兴加快农业农村现代化的意见》。《意见》第十六条指出，实施农村人居环境整治提升五年行动。分类有序推进农村厕所革命，加快研发干旱、寒冷地区卫生厕所适用技术和产品，加强中西部地区农村户用厕所改造。统筹农村改厕和污水、黑臭水体治理，因地制宜建设污水处理设施。健全农村生活垃圾收运处置体系，推进源头分类减量、资源化处理利用，建设一批有机废弃物综合处置利用设施。健全农村人居环境设施管护机制。有条件的地区推广城乡环卫一体化第三方治理。深入推进村庄清洁和绿化行动。开展美丽宜居村庄和美丽庭院示范创建活动。

（六）实行高水平对外开放，促进外贸外资稳中提质。 实施更大范围、更宽领域、更深层次对外开放，更好参与国际经济合作。

推动进出口稳定发展。加强对中小外贸企业信贷支持，扩大出口信用保险覆盖面、优化承保和理赔条件，深化贸易外汇收支便利化试点。稳定加工贸易，发展跨境电商等新业态新模式，支持企业开拓多元化市场。发展边境贸易。创新发展服务贸易。优化调整进口税收政策，增加优质产品和服务进口。加强贸易促进服务，办好进博会、广交会、服贸会及首届中国国际消费品博览会等重大展会。推动国际物流畅通，清理规范口岸收费，不断提升通关便利化水平。

积极有效利用外资。进一步缩减外资准入负面清单。推动服务业有序开放，增设服务业扩大开放综合试点，制定跨境服务贸易负面清单。推进海南自由贸易港建设，加强自贸试验区改革开放创新，推动海关特殊监管区域与自贸试验区统筹发展，发挥好各类开发区开放平台作用。促进内外资企业公平竞争，依法保护外资企业合法权益。欢迎外商扩大

[名词解释]

跨境服务贸易负面清单

负面清单是针对企业的一个重要政策导向，即法无禁止皆可为。跨境服务贸易负面清单是指在跨境服务贸易方面，通过制定并实施负面清单帮助服务贸易与国内产业政策相对接，扩大服务领域的对外开放，进口更多的优质服务，同时积极扩大服务出口，推动中国的优质服务更多地走出去，提升中国服务的国际竞争力。2019 年 11 月，中共中央、国务院印发《关于推进贸易高质量发展的指导意见》，明确提出探索跨境服务贸易负面清单管理制度。

[延伸阅读]

自贸试验区

截至 2020 年 9 月 21 日，我国共设立 6 批 21 个自贸区，中国自贸区形成"1+3+7+1+6+3"的新格局。

第一批（1）：2013 年设立上海自贸试验区

第二批（3）：2015 年设立广东、天津、福建自贸试验区

第三批（7）：2017 年设立辽宁、浙江、河南、湖北、重庆、四川、陕西自贸试验区

第四批（1）：2018 年设立海南自贸试验区

第五批（6）：2019 年设立山东、江苏、广西、河北、云南、黑龙江自贸试验区

第六批（3）：2020 年设立北京、湖南、安徽自贸试验区

在华投资，分享中国开放的大市场和发展机遇。

高质量共建"一带一路"。坚持共商共建共享，坚持以企业为主体、遵循市场化原则，健全多元化投融资体系，强化法律服务保障，有序推动重大项目合作，推进基础设施互联互通。提升对外投资合作质量效益。

深化多双边和区域经济合作。坚定维护多边贸易体制。推动区域全面经济伙伴关系协定尽早生效实施、中欧投资协定签署，加快中日韩自贸协定谈判进程，积极考虑加入全面与进步跨太平洋伙伴关系协定。在相互尊重基础上，推动中美平等互利经贸关系向前发展。中国愿与世界各国扩大相互开放，实现互利共赢。

（七）加强污染防治和生态建设，持续改善环境质量。深入实施可持续发展战略，巩固蓝天、碧水、净土保卫战成果，促进生产生活方式绿色转型。

继续加大生态环境治理力度。强化大气污染综合治理和联防联控，加强细颗粒物和臭氧协同控制，北方地区清洁取暖率达到70%。整治入河入海排污口和城市黑臭水体，提高城镇生活污水收集和园区工业废水处置能力，严格土壤污染源头防控，加强农业面源污染治理。继续严禁洋垃圾入境。有序推进城镇生活垃圾分类处置。推动快递包装绿色转型。加强危险废物医疗废物收集处理。研究制定生态保护补偿条例。落实长江十年禁渔，实施生物多样性保护重大工程，科学推进荒漠化、石漠化、水土流失综合治理，持续开展大规模国土绿化行动，保护海洋生态环境，推进生态系统保护和修复，让我们生活的家园拥有更多碧水蓝天。

扎实做好碳达峰、碳中和各项工作。制定 2030 年前碳排放达峰行动方案。优化产业结构和能源结构。推动煤炭清洁高效利用，大力发展新能源，在确保安全的前提下积极有序发展核电。扩大环境保护、节能节水等企业所得税优惠目录范围，促进新型节能环保技术、装备和产品研发应用，培育壮大节能环保产业，推动资源节约高效利

[延伸阅读]

碳达峰、碳中和

碳达峰是指我国承诺在 2030 年前，二氧化碳的排放不再增长，达到峰值之后再慢慢减下去。碳中和是指我国承诺到 2060 年，针对排放的二氧化碳，要采取植树、节能减排等各种方式全部抵消掉。

2020 年 9 月 22 日，习近平在第七十五届联合国大会一般性辩论上宣布，中国将提高国家自主贡献力度，采取更加有力的政策和措施，二氧化碳排放力争于 2030 年前达到峰值，努力争取 2060 年前实现碳中和。在此后的气候雄心峰会上，我国宣布了更具体的目标：到 2030 年，单位国内生产总值二氧化碳排放将比 2005 年下降 65%以上，非化石能源占一次能源消费比重将达到 25%左右，森林蓄积量将比 2005 年增加 60亿立方米，风电、太阳能发电总装机容量将达到 12 亿千瓦以上。

用。加快建设全国用能权、碳排放权交易市场，完善能源消费双控制度。实施金融支持绿色低碳发展专项政策，设立碳减排支持工具。提升生态系统碳汇能力。中国作为地球村的一员，将以实际行动为全球应对气候变化作出应有贡献。

（八）切实增进民生福祉，不断提高社会建设水平。注重解民忧、纾民困，及时回应群众关切，持续改善人民生活。

发展更加公平更高质量的教育。构建德智体美劳全面培养的教育体系。推动义务教育优质均衡发展和城乡一体化，加快补齐农村办学条件短板，健全教师工资保障长效机制，改善乡村教师待遇。进一步提高学前教育入园率，完善普惠性学前教育保障机制，支持社会力量办园。鼓励高中阶段学校多样化发展，加强县域高中建设。增强职业教育适应性，深化产教融合、校企合作，深入实施职业技能等级证书制度。办好特殊教育、继续教育，支持和规范民办教育发展。分类建设一流大学和一流学科，加快优化学科专业结构，加强基础学科和前沿学科建设，促进新兴交叉学科发展。支持中西部高等教育发展。加大国家通用语言文字推广力度。发挥在线教育优势，完善终身学习体系。倡导全社会尊师重教。深化教育评价改革，健全学校

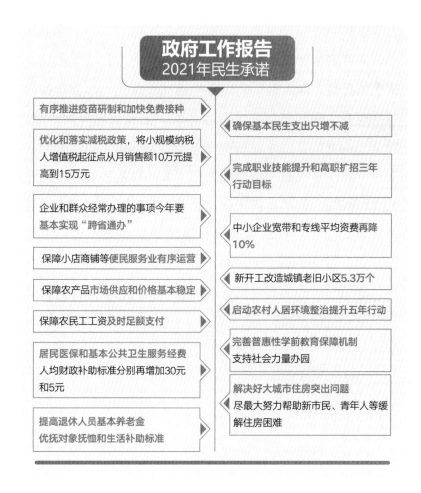

家庭社会协同育人机制，规范校外培训。加强师德师风建设。在教育公平上迈出更大步伐，更好解决进城务工人员子女就学问题，高校招生继续加大对中西部和农村地区倾斜力度，努力让广大学生健康快乐成长，让每个孩子都有

人生出彩的机会。

推进卫生健康体系建设。坚持预防为主，持续推进健康中国行动，深入开展爱国卫生运动，深化疾病预防控制体系改革，强化基层公共卫生体系，创新医防协同机制，健全公共卫生应急处置和物资保障体系，建立稳定的公共卫生事业投入机制。加强精神卫生和心理健康服务。深化公立医院综合改革，扩大国家医学中心和区域医疗中心建设试点，加强全科医生和乡村医生队伍建设，提升县级医疗服务能力，加快建设分级诊疗体系。坚持中西医并重，实施中医药振兴发展重大工程。支持社会办医，促进"互联网＋医疗健康"规范发展。强化食品药品疫苗监管。优化预约诊疗等便民措施，努力让大病、急难病患者尽早

[延伸阅读]

中医药振兴发展重大工程

中医药学凝聚着深邃的哲学智慧和中华民族几千年的健康养生理念及其实践经验，是中国古代科学的瑰宝，也是打开中华文明宝库的钥匙。深入研究和科学总结中医药学对丰富世界医学事业、推进生命科学研究具有积极意义。2016 年 12 月 25 日，中华人民共和国第十二届全国人民代表大会常务委员会第二十五次会议通过《中华人民共和国中医药法》，自 2017 年 7 月 1 日起施行。该法旨在继承和弘扬中医药，保障和促进中医药事业发展，保护人民健康。2021 年 2 月 5 日，全国卫生健康工作会议提出，深入开展爱国卫生运动，加强重大疾病防治，持续改善医疗服务，实施中医药振兴发展重大工程。

加强全科医生和乡村医生队伍建设，提升县级医疗服务能力，加快建设分级诊疗体系

2021年政府工作报告

徐骏/作　新华社发

得到治疗。居民医保和基本公共卫生服务经费人均财政补助标准分别再增加30元和5元，推动基本医保省级统筹、门诊费用跨省直接结算。建立健全门诊共济保障机制，逐步将门诊费用纳入统筹基金报销，完善短缺药品保供稳价机制，采取把更多慢性病、常见病药品和高值医用耗材纳入集中带量采购等办法，进一步明显降低患者医药负担。

保障好群众住房需求。坚持房子是用来住的、不是用来炒的定位，稳地价、稳房价、稳预期。解决好大城市住房突出问题，通过增加土地供应、安排专项资金、集中建设等办法，切实增加保障性租赁住房和共有产权住房供给，规范发展长租房市场，降低租赁住房税费负担，尽最大努力帮助新市民、青年人等缓解住房困难。

　　加强基本民生保障。提高退休人员基本养老金、优抚对象抚恤和生活补助标准。推进基本养老保险全国统筹，规范发展第三支柱养老保险。完善全国统一的社会保险公共服务平台。加强军人军属、退役军人和其他优抚对象优待工作，健全退役军人工作体系和保障制度。继续实施失业保险保障扩围政策。促进医养康养相结合，稳步推进长期护理保险制度试点。发展普惠型养老服务和互助性养老。发展婴幼儿照护服务。发展社区养老、托幼、用餐、保洁等多样化服务，加强配套设施和无障碍设施建设，实施更优惠政策，让社区生活更加便利。完善传统服务保障措施，为老年人等群体提供更周全更贴心的服务。推进智

[延伸阅读]

第三支柱养老保险

　　养老三支柱是指能够同时提供储蓄、再分配以及保险三个功能的养老保险体系。第一支柱是公共支柱，采用现收现付制，由当期工作人口纳税融资支付给当期的退休人口作为养老金。我国的养老第一支柱是由政府主导建立的基本养老保险，主要包括职工养老保险和居民养老保险。第二支柱则是由企业和个人共同缴费的职业养老金计划，包括企业年金和职业年金。第三支柱是基于个人意愿和完全积累制的个人养老储蓄计划，可为需要更多支付的人提供追加性保障。目前主要是个人储蓄型养老保险和商业养老保险，未来可能分为由银行提供银行理财产品，证券提供基金产品，保险提供商业养老保险产品。

能化服务要适应老年人、残疾人需求，并做到不让智能工具给他们日常生活造成障碍。健全帮扶残疾人、孤儿等社会福利制度，加强残疾预防，提升残疾康复服务质量。分层分类做好社会救助，及时帮扶受疫情灾情影响的困难群众，坚决兜住民生底线。

更好满足人民群众精神文化需求。培育和践行社会主义核心价值观，弘扬伟大抗疫精神和脱贫攻坚精神，推进公民道德建设。繁荣新闻出版、广播影视、文学艺术、哲学社会科学和档案等事业。加强互联网内容建设和管理，发展积极健康的网络文化。传承弘扬中华优秀传统文化，加强文物保护利用和非物质文化遗产传承，建设国家文化公园。推进城乡公共文化服务体系一体建设，创新实施文

王沪宁：旗帜鲜明讲政治，提高政治判断力、政治领悟力、政治执行力

[名词解释]

伟大抗疫精神

在同新冠肺炎疫情的殊死较量中，中国人民和中华民族以敢于斗争、敢于胜利的大无畏气概，铸就了生命至上、举国同心、舍生忘死、尊重科学、命运与共的伟大抗疫精神。它同中华民族长期形成的特质禀赋和文化基因一脉相承，是爱国主义、集体主义、社会主义精神的传承和发展，是中国精神的生动诠释，丰富了民族精神和时代精神的内涵。

化惠民工程，倡导全民阅读。深化中外人文交流。完善全民健身公共服务体系。精心筹办北京冬奥会、冬残奥会等综合性体育赛事。

加强和创新社会治理。夯实基层社会治理基础，健全城乡社区治理和服务体系，推进市域社会治理现代化试点。加强社会信用体系建设。大力发展社会工作，支持社会组织、人道救助、志愿服务、公益慈善发展。保障妇女、儿童、老年人、残疾人合法权益。继续完善信访制度，推进矛盾纠纷多元化解。加强法律援助工作，启动实施"八五"普法规划。加强应急救援力量建设，提高防灾减灾抗灾救灾能力，切实做好洪涝干旱、森林草原火灾、地质灾害、地震等防御和气象服务。完善和落实安全生产责任制，深入开展安全生产专项整治三年行动，坚决遏制重特大事故发生。完善社会治安防控体系，常态化开展扫黑除恶斗争，防范打击各类犯罪，维护社会稳定和安全。

各位代表！

面对新的任务和挑战，各级政府要增强"四个意识"、坚定"四个自信"、做到"两个维护"，自觉在思想上政治上行动上同以习近平同志为核心的党中央保持高度一致，践行以人民为中心的发展思想，不断提高政治判断力、政治领悟力、政治执行力，落实全面从严治党要求。扎实开展党史学习教育。加强法治政府建设，切实依法行政。坚持政务公开。严格规范公正文明执法。依法接受同级人大及其常委会的监督，自觉接受人民政协的民主监督，主动接受社会和舆论监督。强化审计监督。支持工

赵乐际出席十九届中央第六轮巡视工作动员部署会

会、共青团、妇联等群团组织更好发挥作用。深入推进党风廉政建设和反腐败斗争，锲而不舍落实中央八项规定精神。政府工作人员要自觉接受法律监督、监察监督和人民监督。加强廉洁政府建设，持续整治不正之风和腐败问题。

中国经济社会发展已经取得了辉煌的成就，但全面实现现代化还有相当长的路要走，仍要付出艰苦努力。必须立足社会主义初级阶段基本国情，着力办好自己的事。要始终把人民放在心中最高位置，坚持实事求是，求真务实谋发展、惠民生。要力戒形式主义、官僚主义，切忌在工作中搞"一刀切"，切实为基层松绑减负。要居安思危，增强忧患意识，事不畏难、责不避险，有效防范化解各种风险隐患。要调动一切可以调动的积极因素，推进改革开放，更大激发市场主体活力和社会创造力，用发展的办法解决发展不平衡不充分问题。要担当作为，实干苦干，不断创造人民期待的发展业绩。

各位代表！

我们要坚持和完善民族区域自治制度，全面贯彻党的民族政策，铸牢中华民族共同体意识，促进各民族共同团结奋斗、共同繁荣发展。全面贯彻党的宗教工作基本方针，坚持我国宗教的中国化方向，积极引导宗教与社会主义社会相适应。全面贯彻党的侨务政策，维护海外侨胞和归侨侨眷合法权益，更大凝聚中华儿女共创辉煌的磅礴力量。

汪洋出席全国政协民宗委主题协商座谈会

过去一年，国防和军队建设取得新的重大成就，人民军队在维护国家安全和疫情防控中展示出过硬本领和优良作风。新的一年，要深入贯彻习近平强军思想，贯彻新时代军事战略方针，坚持党对人民军队的绝对领导，严格落实军委主席负责制，聚焦建军一百年奋斗目标，推进政治建军、改革强军、科技强军、人才强军、依法治军，加快机械化信息化智能化融合发展。全面加强练兵备战，统筹应对各方向各领域安全风险，提高捍卫国家主权、安全、发展利益的战略能力。优化国防科技工业布局，完善国防动员体系，强化全民国防教育。各级政府要大力支持国防和军队建设，深入开展"双拥"活动，谱写鱼水情深的时代华章。

各位代表！

我们要继续全面准确贯彻"一国两制"、"港人治港"、

"澳人治澳"、高度自治的方针，完善特别行政区同宪法和基本法实施相关的制度和机制，落实特别行政区维护国家安全的法律制度和执行机制。坚决防范和遏制外部势力干预港澳事务，支持港澳发展经济、改善民生，保持香港、澳门长期繁荣稳定。

我们要坚持对台工作大政方针，坚持一个中国原则和"九二共识"，推进两岸关系和平发展和祖国统一。高度警惕和坚决遏制"台独"分裂活动。完善保障台湾同胞福祉和在大陆享受同等待遇的制度和政策，促进海峡两岸交流合作、融合发展，同心共创民族复兴美好未来。

我们要坚持独立自主的和平外交政策，积极发展全球伙伴关系，推动构建新型国际关系和人类命运共同体。坚持开放合作，推动全球治理体系朝着更加公正合理的方向发展。持续深化国际和地区合作，积极参与重大传染病防控国际合作。中国愿同所有国家在相互尊重、平等互利基础上和平共处、共同发展，携手应对全球性挑战，为促进世界和平与繁荣不懈努力！

各位代表！

重任在肩，更须砥砺奋进。让我们更加紧密地团结在以习近平同志为核心的党中央周围，高举中国特色社会主义伟大旗帜，以习近平新时代中国特色社会主义思想为指导，齐心协力，开拓进取，努力完成全年目标任务，以优异成绩庆祝中国共产党百年华诞，为把我国建设成为富强民主文明和谐美丽的社会主义现代化强国、实现中华民族伟大复兴的中国梦不懈奋斗！

李克强
政府工作报告
完整视频

李克强
答中外记者问
完整视频

2020 年
《政府工作报告》
量化指标任务
完成情况

一图读懂
2021 年
《政府工作报告》

视频索引

习近平等党和国家领导人出席开幕式……1

李克强离席作政府工作报告……1

2020 年，习近平这样引领中国……2

全国抗击新冠肺炎疫情表彰大会在京隆重举行……2

全国脱贫攻坚总结表彰大会在京隆重举行……5

嫦娥五号实现我国首次地外天体采样返回……8

栗战书出席第二十六次全国地方立法工作座谈会……9

2020 年中国外交：为国家担当，为人民负重，对世界尽责……9

中共中央举行首场新闻发布会，

　　介绍党的十九届五中全会精神……16

韩正主持召开推动长江经济带发展领导小组会议……21

李克强：中国统筹推进疫情防控和经济社会发展，

　　经济实现企稳回升……28

3D 大片看总理报告：今年生活这样改变！……31

手绘政府工作报告暖心政策……40

摆脱贫困，中国这样走过 ……………………………… 43

王沪宁：旗帜鲜明讲政治，提高政治判断力、

　　政治领悟力、政治执行力 …………………………… 55

赵乐际出席十九届中央第六轮巡视工作动员部署会 …… 57

汪洋出席全国政协民宗委主题协商座谈会 …………… 58

李克强政府工作报告完整视频 ………………………… 61

李克强答中外记者问完整视频 ………………………… 61

2020 年《政府工作报告》量化指标任务完成情况 …… 61

一图读懂 2021 年《政府工作报告》………………… 61

后　记

2015年我社首创推出中国出版界第一部视频书（vBook）《图解政府工作报告（2015）》（二维码版），采用媒体融合的方式传播、解读党和国家的大政方针，受到读者的普遍欢迎，取得较好效果。本书是这一形式的延续。

本书由我社邀请新华网等单位和相关专家共同编制。国务院有关部门领导高度重视，大力支持本书编制工作。全书由辛广伟同志总体统筹，田舒斌同志参与统筹，参与相关编辑工作的有陈光耀、马轶群、余平、刘敬文、刘彦青、安新文、王新明等同志，参与本书音视频剪辑的有池溢同志，参与本书数据整理和设计制作的有张桢、姜子涵、庞亚如等同志；中共中央党校（国家行政学院）张春晓等同志也在内容上提供了帮助。本书视频由中央广播电视总台、中国政府网、国务院客户端等媒体提供，在此一并表示感谢。

不妥之处，敬请读者批评指正。

人民出版社

2021 年 3 月

总　　监：蒋茂凝

策　　划：辛广伟

责任编辑：陈光耀　余　平　郑　治

封面设计：林芝玉

版式设计：庞亚如

责任校对：张红霞

图书在版编目（CIP）数据

政府工作报告:视频图文版. 2021. —北京：人民出版社，2021.3

ISBN 978 − 7 − 01 − 023254 − 6

I. ①政… 　II. 　III. ①政府工作报告 − 中国 −2021 　IV. ① D623

中国版本图书馆 CIP 数据核字（2021）第 045332 号

政府工作报告（2021）

ZHENGFU GONGZUO BAOGAO 2021

视频图文版

人民出版社 出版发行

（100706　北京市东城区隆福寺街 99 号）

北京印刷集团有限责任公司印刷　新华书店经销

2021 年 3 月第 1 版　2021 年 3 月北京第 1 次印刷

开本：710 毫米 ×1000 毫米 1/16　印张：4.25　插页：1

字数：36 千字

ISBN 978 − 7 − 01 − 023254 − 6　定价：19.00 元

邮购地址 100706　北京市东城区隆福寺街 99 号

人民东方图书销售中心　电话（010）65250042　65289539